Michael Heinen-Anders
Der patriarchale Mißbrauch der
katholischen Kirche

Herstellung und Verlag: BoD - Books on Demand, Norderstedt

ISBN 9783754348406

Inhaltsverzeichnis

Der patriarchale Mißbrauch der katholischen Kirche

Es begann mit meiner Einschulung in einer katholischen Grundschule. Schnell wurde ich von dem gewaltsamen Lehrer Lindlar abgestellt zu Meßdienertätigkeiten, für die man sogar schulfrei erhielt.

Innerhalb der Kirche begegnete ich einem greisen Priester, der die Messen auf lateinisch hielt, also unverständlich für den nichttheologisch vorgebildeten Laien.

Die Beichte war Pflicht. Es galt – selbst aus der Position kindlicher Unschuld – irgend etwas zu beichten, am besten mit sexuellem Hintergrund. Was dies für einen Sinn haben sollte war mit als Kind nicht recht klar.

Offenbar geilten sich Priester daran auf, zu hören, was sie hören sollten, etwa „ich war unkeusch".

Zu büssen hatte man dies dann mit einigen „Vater-unser" und einigen „Gegrüßest seist du Maria".

Der Kultus blieb mir als lateinischer Kultus, damals stets ein „heiliges Mysterium".

Der Priester zelebrierte zudem mit dem Rücken zum Publikum das, was man später auf deutsch als „Geheimnis des Glaubens" zu bezeichnen gezwungen war.

Das Psychogramm des machtvollen doch sexuell unbefriedigten Geistlichen, ergo Priesters, stellte niemand besser dar, als Eugen Drewermann in seinem psychoanalytisch gehaltenen Werk „Kleriker". [1]

---

[1] Eugen Drewermann: Kleriker. Psychogramm eines Ideals, Walter Vlg., Olten/Freiburg i.Br. 1990

Dass er u.a. auch aufgrund dieses Werkes von seinem Bistum wenig später kalt gestellt wurde, verwundert nur wenige.

Der Priester als Projektion und als vermeintlich einziger Weg zu Christus, galt dem kirchlichen Klerus schließlich als sakrosant, ähnlich, wie das Dogma von der „Unfehlbarkeit des Papstes".

Gezwungen durch das zölibatäre Versprechen weicht die real praktizierende Priesterschaft schon seit Jahrzehnten in ein makaberes Doppelleben aus. Homosexualität als Triebabfuhr ist unter der katholischen Priesterschaft ebenso verbreitet, wie auch der Mißbrauch minderjähriger Schutzbefohlener, seien es Jungen oder Mädchen.

Lange Zeit gelang es dem Klerus diese, auch strafrechtlich relevante Praxis, gewissermaßen unter der Decke vermeintlichen

Nichtwissens oder vorgeblicher Unschuld zu halten.

Erst seit ca. 2000 wurden Fälle des klerikalen Mißbrauchs mehr und mehr publik. Vereinzelt wurden Priester wegen derartiger Delikte auch zu Gefängnisstrafen verurteilt.

Kirchlicherseits waren Vertuschungsversuche gang und gäbe. Mehrfach wurden Priester, denen Kindesmißbrauch bereits klar nachgewiesen war, zwischen einzelnen Diözosen hin und her versetzt, um die Spuren der Mißbrauchsfälle zu verwischen. In der Regel betrieben diese Priester den sexuellen Kindesmißbrauch dann unbehelligt weiterhin, wenn sie nicht von Strafgerichten hinsichtlich dieses Tuns sanktioniert werden konnten. [2]

---

[2] Vgl. z.B. https://www.sueddeutsche.de/panorama/missbrauch-katholische-kirche-urteil-erzbistum-koeln-stefan-hesse-gericht-prozess-1.5536577

Was der Mißbrauch den Kindern antut und wie die katholische Kirche reagiert

Mißbrauchsopfer sind stets für ihr Leben gezeichnet. Immer sind Fehlentwicklungen und krasse Entwicklungsstörungen der psychischen und sexuellen Entwicklung die Folge. Manchmal ist lebenslange psychische Krankheit die Folge. All das kann keine noch so große finanzielle Entschädigung ausgleichen.

Die kindliche Psyche vermag es zwar manchmal Erinnerungen an Mißbrauch über Jahrzehnte zu kaschieren, doch immer wieder tauchen Fragmente der erlittenen Leiden im Lebensgange, mal früher, mal ein wenig später auf. Tief graben sich Erinnerungen des erlittenen Unrechts in die Seele und in das Unterbewußtsein solchermaßen betroffener Individuen ein.

Bislang sind Reformen des kirchlichen Umgangs mit dem Thema kaum erkennbar. So lehnte etwa Kardinal Woelki ein ihm nicht genehmes rechtliches aber eigens beauftragtes Gutachten zum Thema Kardinal Marx akzeptierte zwar ein sehr belastendes Gutachten der gleichen, ursprünglich auch vom Erzbistum Köln beauftragten Anwaltskanzlei, aber zur Prävention fiel ihm nicht mehr ein, als den Papst Franziskus um die Annahme seines Rücktritts zu bitten, dem dieser aber nicht stattgab.

Der nicht mehr amtierende Papst Benedikt XVI (Ratzinger) verstieg sich gar zu lügnerischen Angaben zu seiner vormaligen

Verantwortung als Erzbischof zu München und Freising in einigen Mißbrauchsfällen.

„Kirchen und Unternehmen nutzen ihre Verschleierungsmacht. Brisante Themen werden ausgeblendet, bagatellisiert und dem Licht der Öffentlichkeit entzogen. Dinge zu verbergen, etwas aktiv zu verschleiern, scheint in unserer auf Transparenz setzenden und Klarheit fordernden Gesellschaft zunehmend schwieriger zu realisieren sein. Dennoch wirkt Verschleierungsmacht in vielen Kontexten und ist nicht immer einfach offenzulegen." [3]

Entsprechend wurde seitens des Vatikans und seitens der deutschen Bischofskonferenz versucht den Machtmißbrauch der kirchlich-paternalischen Kreise des Klerus zu verdunkeln und zu verschleiern, ja mehr

---

[3] Dietmar J. Wetzel: Kirchen und Unternehmen. In: Valentin Dessoy/Ursula Hahmann/Gundo Lames (Hrsg.): Macht und Kirche, Echter Vlg., Würzburg 2021, S. 36 – 42, hier: S. 39

noch: den Machtmißbrauch gänzlich zu leugnen.

Soziologisch gesehen besteht die „schwule" Gesellschaft der Würdenträger, egal ob einfacher Priester, ob Bischof oder Kardinal, aus einer zugleich homophilen, wie homophoben Gesellschaft, einem Männerbund mit einer Kultur der Geheimhaltung, „verantwortlich für zehntausende sexuelle Mißbräuche" [4] an Kindern. Gleichzeitig besteht bei den Frauengemeinschaften, den Nonnen, eine Tendenz zum Lesbiertum. Und das alles nur wegen des einen, scheinbar unverrückbaren Grundsatzes, dem Zölibat.

Lange Zeit wurde Homosexualität gesetzlich geahndet und war gesellschaftlich geächtet. Daher kam es zu einem Paradoxon:

---

[4] Frédéric Martel: Sodom – Macht, Homosexualität und Doppelmoral im Vatikan, S. Fischer Vlg., Frankfurt a. M. 2020, S. 17

„Das Priesteramt war lange Zeit das ideale Hintertürchen für junge Schwule. Homosexualität ist einer der Gründe für ihre Berufung.“ [5]

Zugleich kam es im Sinne der katholischen Moraltheologie zu einer positiven Selektion der Schlechtesten: „Je näher man dem Allerheiligsten kommt, desto mehr Schwule werden es; je höher man in der katholischen Hierarchie nach oben klettert, desto höher der Anteil an Schwulen. Im Kardinalskollegium und im Vatikan ist das bevorzugte Verfahren etabliert: Homosexualität wird zur Norm, Heterosexualität zur Ausnahme.“ [6]

„In mehr als 80 Prozent der Fälle handelt es sich um homosexuellen Mißbrauch – nur selten um heterosexuellen.“ [7]

---

[5] Ebenda, S. 27
[6] Ebenda, S. 29
[7] Ebenda, S. 126

„Hinter den meisten Missbrauchsfällen stehen Priester und Bischöfe, die die Täter aufgrund ihrer eigenen homosexuellen Orientierung schützen, weil sie Angst vor der Entdeckung und einem Skandal haben. Eben jenes Klima, in dem Geheimnisse kultiviert wurden und gediehen, das notwendig war, um den hohen Anteil an Schwulen in der katholischen Kirche zu verschweigen, hat die Verbrechen und das Vertuschen von sexuellem Missbrauch möglich gemacht." [8]

Ein vorsintflutliches „Priesterbild kann sexuellen Missbrauch begünstigen, denn Täter fordern dabei auch religiösen Gehorsam ein oder drohen sogar mit dem Verlust des ewigen Seelenheils für den Fall, dass die Opfer sich ihnen widersetzen. Ein Drittel der (…) befragten Betroffenen berichtet, der Täter habe mit einer Bestrafung durch

---

[8] Ebenda, S. 127

17

Gott gedroht. Priesterliche Missbrauchstäter fügen Menschen schlimmste seelische und körperliche Verletzungen zu, zerstören durch ihre Taten Biographien und werden dadurch zu (…) Seelenmördern. Die Diskrepanz zwischen dem hehren Ideal des Priesters und den Taten, die dieses Ideal ermöglicht, könnte größer kaum sein." [9]

„Der edle Freiheitssinn ist in der Verwerflichkeit verkehrt worden in sein Gegenteil. Das sind die schwer in Betracht kommenden Geister der Versuchung (= Asuras); sie verleiten zu dem verwerflichen Egoismus. Auch heute sind sie noch in unserer Umgebung, diese schlimmen Geister des Saturn. Alles, was schlimm ist, hat seine Kraft von diesen Geistern." (Rudolf Steiner: GA 99, S. 97f)

---

[9] Hubert Wolf: Macht-Missbrauch im Männerbund. Zur Geschichte der vielleicht tiefsten Krise der katholischen Kirche. In: Gunter Prüller-Jagenteufel/Wolfgang Treitler (Hrsg): Verbrechen und Verantwortung, Herder Vlg., Freiburg – Basel – Wien 2021, S. 21 – 44, hier: S. 26

Die bösen Asuras sind Geister des allerstärksten Egoismus, die den Menschen zur schwarzen Magie verführen. Sexuelle Riten spielen dabei eine große Rolle.

„Sie sind weitaus die verderblichsten (bösen Geister) und wirken hauptsächlich in das sexuelle Leben ein, also in den physischen Leib. Die vielen sexuellen Verirrungen der Gegenwart sind auf diese starke Einströmung zurückzuführen." (Rudolf Steiner: GA 266a, S. 169)

Die katholische Kirche vertritt spätestens seit Johannes Paul II. wieder reaktionäre Zukunftsaussichten. [10] Die Festigung der zölibatären Verpflichtungen des Priester-

---

[10] Vgl. Renate Riemeck: Moskau und der Vatikan – von 988 bis zur Gegenwart, Vlg. Die Pforte, Basel 1988, S. 185

tums, und die Unantastbarkeit des Unfehl-
barkeitsdogmas, blieben erst recht unter
Benedikt XVI. sakrosankt. Franziskus I.
hingegen schwankt zwischen diesen res-
taurativen Aussichten und zögerlichen Re-
formbestrebungen.

DER KATHOLIZISMUS ALS VERHIN-
DERUNGSIMPULS

Wie Rudolf Steiner bereits in "Das Christentum als mystische Tatsache und die

Mysterien des Altertums" (GA 8) schreibt muss das Christentum verstanden werden aus den alten Mysterien heraus, als eine Erneuerung der alten Mysterien, mit des Christus ICH-Geburt.

Insofern war der Konstantinismus - denn Konstantin war ja nicht eingeweiht - eine Veräußerlichung des Mysterienwesens in der Gestalt des katholischen Meßopfers. Dennoch konnte dieses Meßopfer als Mysterienvorgang noch verstanden werden, wenn man den Zusammenhang mit den Mithras-Mysterien und den eleusinischen Mysterien hatte, als etwas was den Menschen persönlich angeht - in voller Geistes-Einsamkeit - und was einem den Weg zu einer Erkenntnis des lebendigen Christus, wie er von Paulus erlebt werden konnte, ermöglichte.

Indem aber durch Konstantin alle alten griechischen Lehren und Kulte umfassend ausgerottet wurden, also die bestehenden Mysterien, schaffte man die Grundlage beiseite, mit der auch das Christentum selbst hätte tiefer verstanden werden können. Das Christentum wurde zur Staatsreligion und untermauerte in seiner Ausgestaltung als Katholizismus denn auch mehr und mehr die alten Herrschaftsimpule des dekadent gewordenen Cäsarentums. Dieser Herrschaftsimpuls ging später auf das „Heilige römische Reich deutscher Nation" über.

Insofern ist Rudolf Steiners Aussage denn auch nur folgerichtig: "Aber so wie das erste Mysterium von Golgatha vollzogen wurde in Palästina, so wurde das zweite vollzogen durch den Konstantinismus. Denn indem man die Mysterien ausgerottet hat, wurde der Christus als historische Erscheinung zum zweitenmal gekreuzigt, getötet." (R. Steiner, Bausteine zu einer Erkenntnis des Mysteriums von Golgatha, GA 175, Fünfzehnter Vortrag vom 24.04.1917, S. 334).

Ähnliches geschah ja auch mit dem Tode der Hypatia, was Rudolf Steiner in "Okkulte Geschichte" (GA 126) wiedergibt.

Auch sie wurde - als letzte Vertreterin der alten Weisheit - vom unwissenden Volke, vom christlichen Pöbel, nach Hetzreden der christlichen Bischöfe gegen sie, buchstäblich zerrissen, d.h. getötet. Durch das Ausrotten der alten Weisheit ging aber dem Christentum seine geistige Nahrung, sein "Manna" verloren, welches notwendig gewesen wäre, um es vertieft und wahrhaft verstehen zu können.

Der Katholizismus ist mithin als Verhinderungsimpuls zu verstehen: nämlich als Verhinderer einer lebendigen Beziehung zum Christus-Impuls.

Hypatia war einem Hinweis Rudolf Steiners zufolge, eine frühere Inkarnation der Marie Steiner-von Sivers. Ihr damaliger Gegenpart, der Bischof Kyrillos soll nach Angaben von Hermann Keimeyer eine frühere Inkarnation von Albert Steffen gewesen sein – so erklärt sich auch die spätere Polarität der beiden im Vorstand der Allgemeinen Anthroposophischen Gesellschaft, nach Rudolf Steiners Tod.

Pietro Archiati bringt es auf den Punkt, wenn er das Versagen der römisch-katholischen Staatskirche wie folgt beschreibt:

„Kaum etwas könnte geeigneter sein, das Wesen des petrinischen Christentums in seinem Gang in den Materialismus zu veranschaulichen, als die drei letzten Dogmen, die in der katholischen Kirche proklamiert worden sind: die unbefleckte Empfängnis der Maria, die Unfehlbarkeit des Papstes und die Himmelfahrt der Maria mit Leib und Seele." (Lit.: Pietro Archiati, Christentum oder Christus? S. 70).

Diese Dogmen zeigen, dass die katholische Kirche vom herrschenden neuzeitlichen Materialismus wie zerfressen ist.

Wenn man dazu noch bedenkt, dass das Konzil von 869 dazu geeignet war den Geist abzuschaffen, was u.a. dann auch die Trennung in Ostkirche und Westkirche zur Folge hatte, dann bleibt nur noch festzustellen: „Eine Institution, die von einem gewissen Geist als ihrer Seele durchtränkt war, kann als Institution, wenn sie sich erhält, nur für das Vergangene kämpfen. Von der katholischen Kirche zu verlangen, dass sie für das Zukünftige kämpft, wäre eine Torheit. Denn nicht dieselbe Institution kann den Geist der fünften nachatlantischen Periode tragen, welche den der vierten getragen hat." (Lit.: Rudolf Steiner, „Heilfaktoren für den sozialen Organismus", GA 198, Vortrag vom 3. Juni 1920).

Somit wundert es auch nicht, wenn die Seherin Verena Staël von Holstein zu folgender Betrachtung des Wesens der „Ecclesia" (also des verkörperten Geistes der katholischen Kirche) kommt: „Inzwischen sieht die Ecclesia aus wie ein Geier. Sie hat sich sehr gewandelt. Sie ist noch sehr mächtig, ein ganz großes Wesen. Dieses Wesen ist aber nicht mehr weiß. Es hat noch weiße Federn, aber es hat deutlich graue Züge inzwischen. Es sieht aus wie ein Geier und hat blutige Krallen. Es ist eine reale Gottheit." (Lit.: Flensburger Hefte Nr. 108, S. 109).

== Literatur ==

• Rudolf Steiner: Das Christentum als mystische Tatsache und die Mysterien des Altertums, GA 8, Rudolf-Steiner-Verlag, Dornach 1989

• Rudolf Steiner: Bausteine zu einer Erkenntnis des Mysteriums von Golgatha, GA 175, Rudolf-Steiner-Verlag, Dornach 1996

• Rudolf Steiner: Heilfaktoren für den sozialen Organismus, GA 198, Rudolf-Steiner-Verlag, Dornach 1984

• Rudolf Steiner: Okkulte Geschichte, GA 126, Rudolf-Steiner-Verlag, Dornach 1992

- Pietro Archiati: Christentum oder Christus?, Verlag am Goetheanum, Dornach 1995

- Flensburger Hefte Nr. 108: Kultus – Ursprung – Gegenwart – Zukunft, Flensburger Hefte Verlag, Flensburg 2010

- Renate Riemeck: Glaube – Dogma – Macht. Geschichte der Konzilien, Urachhaus Vlg., Stuttgart 1985

  - Renate Riemeck: Moskau und der Vatikan – von 988 bis zur Gegenwart, Vlg. Die Pforte, Basel 1988

  - Eugen Drewermann: Kleriker. Psychogramm eines Ideals, Walter Vlg., Olten/Freiburg i.Br. 1990

  - Valentin Dessoy/Ursula Hahmann/Gundo Lames (Hrsg.): Macht und Kirche, Echter Vlg., Würzburg 2021, S. 36 – 42

- Gunter Prüller-Jagenteufel/Wolfgang Treitler (Hrsg): Verbrechen und Verantwortung, Herder Vlg., Freiburg – Basel – Wien 2021, S. 21 – 44

- Frédéric Martel: Sodom – Macht, Homosexualität und Doppelmoral im Vatikan, S. Fischer Vlg., Frankfurt a. M. 2020

Autobiographische Notiz:

Michael Heinen-Anders wurde am 25.02.1960 in Köln geboren. Er studierte an der Bergischen Universität Wuppertal Wirtschafts- und Sozialwissenschaften. 1989 schloss er das Studium als Diplom-Ökonom ab. Michael Heinen-Anders trat 1994 der Anthroposophischen Gesellschaft, Zweig Köln, bei. Seit 2012 ist er gleichfalls Mitglied der Freien Hochschule für Geisteswissenschaft.
Er veröffentlichte zahlreiche literarische, essayistische und wissenschaftliche Schriften, darunter „Aus anthroposophischen Zusammenhängen", BoD, Norderstedt 2010 und „Aus anthroposophischen Zusammenhängen Band II", BoD, Norderstedt 2018.
Michael Heinen-Anders lebt in Köln, ist geschieden und hat zwei erwachsene Töchter.